Lb 28/12

DESCRIPTION

D'UNE

TAPISSERIE,

RARE ET CURIEUSE,

FAITE A BRUGES,

Représentant, sous des formes allégoriques, le Mariage du Roi de France CHARLES VIII, avec la Princesse ANNE DE BRETAGNE.

DESCRIPTION

D'UNE

TAPISSERIE,

RARE ET CURIEUSE,

FAITE A BRUGES,

Représentant, sous des formes allégoriques, le Mariage du Roi de France CHARLES VIII, avec la Princesse ANNE DE BRETAGNE.

Par M. le Chevalier ALEXANDRE LENOIR,

Administrateur des Monumens de l'Église Royale de Saint-Denis, l'un des Commissaires du Roi, pour la restauration du palais des Thermes, Membre de la Société Royale des Antiquaires de France, de celle de Londres, de la Société Royale Académique, des Académies des Arcades de Rome, et Italienne ; de la Société Philotechnique, etc.

PARIS.

1819.

Cette Tapisserie ancienne, qui était placée dans le château des Aigalades, près Marseille, publiée dans le troisième volume des voyages de Millin, dans le Midi, se voit aujourd'hui, à Paris, hôtel des Archives, rue du Chaume; pour la voir on s'adresse à M. le Chevalier de Larue, administrateur de cet établissement, avec des Billets de M. Rondot, quai de l'École, n° 24.

DESCRIPTION
D'UNE
TAPISSERIE,
RARE ET CURIEUSE,
FAITE A BRUGES.

Je ne partage pas entièrement l'opinion de Millin, qui, dans son voyage dans le midi de la France, en parlant de cette tapisserie préicieuse, tissue d'or et de soie, dit qu'elle a été fabriquée à Arras, et qu'elle a été faite à l'aiguille. La composition, le style et le goût de dessin que l'on y remarque, suffisent pour signaler l'école de Jean Van Eyck, dit *Jean de Bruges*. Elle aurait donc été fabriquée à Bruges, dans la première et la principale manufacture de la Flandre, dont la fondation était due à Philippe le Bon, duc de Bourgogne. Ceux qui la verront, pour peu qu'ils aient des connaissances en peinture, seront convaincus de cette vérité; sur-tout, s'ils se rappellent les beaux tableaux de Jean de Bruges, qui ont été exposés pendant plusieurs années au Muséum de Paris. Je ne dis pas que la composition de ce chef-d'œuvre soit précisément de Jean Van-Eyck, célèbre peintre, auquel on est redevable de la découverte de la peinture à l'huile et que l'on considère comme le chef et le fondateur de l'école flamande, parce que je suppose que la tapisserie dont je parle a été fabriquée de 1492 à 1498, si je calcule le temps qu'il a fallu pour la fabriquer et que ce grand peintre est mort en 1441; mais elle est au moins de Roger de *Bruges* ou de Hugues Vandergoès, ses élèves les plus distingués.

Cette Tapisserie, haute de douze pieds environ, sur treize de large, avait été achetée par M. le duc de Villars, à la vente de M. le duc de Mazarin, qui la tenait de son oncle le Cardinal. M. le duc de Villars, gouverneur de Provence, comme son père, avait acheté à vie, le château des Aigalades; il y est mort et a laissé cette Tapisserie à M. Mestre des Aigalades, avec tous les meubles qui ornaient le château; elle a passé depuis, avec la propriété, dans les mains de M. Barras.

Cette espèce de tableau, fait au métier, est parfaitement conservé; le coloris est frais, le dessin correct et les airs de tête vrai, quoique très-variés. Les costumes, même pour les personnages de l'histoire ancienne qui y figurent, car on voit Assuérus et Esther, sont ceux que l'on portait à la cour comme à la ville, à l'époque de sa fabrication.

§. Ier. — Les tapisseries ont généralement servi à retracer les mystères de la religion, ou à perpétuer les faits historiques. L'art de faire des tapisseries est fort ancien. Philostrate, vie d'Apollonius, dit que ce dernier vit à Babylone, un portique dont la voûte surbaissée représentait le tableau du ciel. Là étaient sculptées en couleur d'or sur un fond d'azur, les images des Divinités des Babyloniens, qui adoraient les astres; on y voyait aussi, ajoute-t-il, des tapisseries sur lesquelles on avait brodé les avantures des héros de la Sphère, tels que Persée, les malheurs d'Andromède; c'est-à-dire les fictions qui avaient pris naissance chez les peuples amis de l'astrologie et livrés au sabisme.

Minerve, chez les Grecs, passait pour avoir inventé l'art de broder sur la toile des sujets héroïques, ou l'art de faire de la tapisserie; selon la fable, Pénélope brodait aussi en tapisserie, ainsi que Philomèle qui avait exécuté en tapisserie le triste événement de Prognée.

On a fait en France des tapisseries dès les

premières époques de la monarchie; Grégoire de Tours, en parlant de la consécration de l'église de Saint-Denis, dit formellement qu'on y voyait des tapisseries brodées en or et garnies de perles. La reine Adélaïde, femme de Hugues Capet, fit présent à la même église d'une chasuble, d'un parement d'autel et d'autres ornemens à l'usage du culte, le tout travaillé et brodé de sa main.

Vers l'an 1066, la reine Mathilde, aidée des femmes de sa cour, exécuta en fils et en laine de différentes couleurs, sur un canevas, la conquête de l'Angleterre, par *Guillaume le Bâtard*, duc de Normandie, son époux, qui, dans la suite, échangea ce surnom contre celui de *conquérant*.

Dans la collection des inventaires de nos rois, conservée à la bibliothèque royale, il est souvent question d'étoffes brodées à l'aiguille et au métier à l'usage des tentures pour les appartemens.

Comme je l'ai déjà dit, Philippe-le-Bon, duc de Bourgogne, protecteur zélé des arts, fonda plusieurs manufactures de tapisseries dans les Pays-Bas, où il fit exécuter en *haute lisse* les plus belles compositions de Jean de Bruges. Les belles tapisseries du Vatican, dont l'exposition a eu lieu au Louvre pendant la révolution, ont été faites dans les manufactures du duc de Bourgogne, d'après les cartons de Raphaël et de Jules Romain, quoiqu'il y eut déjà des tapissiers en Italie.

Entr'autres dons qu'Agnès Sorel fit aux chanoines de Loches, lorsqu'elle fonda la collégiale de cette ville, on parle d'une superbe et magnifique tapisserie dont elle décora l'église. D'ailleurs, on sait que l'on faisait aussi à Arras des tapisseries, à l'époque où je fixe l'exécution de celle-ci; mais les manufactures de cette ville n'étaient en quelque sorte que les succursales des fabriques de Bruges où siégeait alors la grande école de peinture. C'est ainsi que, de nos jours, les productions de la manufacture de Beauvais sont fort au dessous de celles des Gobelins.

L'établissement en France d'une manufacture de tapisseries ne remonte pas au delà du seizième siècle. La Flandre et l'Italie, comme je viens de le dire, étaient seules en possession de ce genre d'industrie; l'Italie avait tiré ses premiers tapissiers de la Flandre, lorsque François Ier établit à Fontainebleau une manufacture de tapisseries de *haute lisse* sous la direction de Primatice, pour lequel il avait institué la charge de commissaire général des bâtimens du roi. Henri II conserva ce premier établissement et en créa de nouveaux à Paris, à l'hôpital de la Trinité, rue Saint-Denis. Henri IV, frappé de la beauté des tapisseries qu'un nommé Dubourg, élève de la Trinité, avait exécuté pour l'église Saint-Méry, fit venir les plus habiles ouvriers de la Flandre, qu'il établit sous la direction de ce même Dubourg sur l'emplacement du palais des Tournelles. Colbert enfin, provoqua de la munificence de Louis XIV, la fondation de la belle manufacture des Gobelins, où l'on exécute encore aujourd'hui les tapisseries et les meubles de la couronne. Depuis son institution, cette manufacture est dirigée par un peintre du Roi, sous les ordres du surintendant des bâtimens. Après avoir démontré comment l'usage et la fabrication des tapisseries sont passés en France, je vais chercher à découvrir quel peut être le sujet que l'on a figuré sur celle dont il s'agit ici.

§ II. — Cette tapisserie rare et curieuse, faite pour figurer dans une collection royale de tableaux ou de dessins des grands maîtres, se compose de soixante-dix-neuf figures environ, de diverses grandeurs, bien drapées et d'un grand style de dessin ; quoique dans le goût qu'on appelle gothique. La scène se passe sous un grand portique dessiné à la manière du temps, c'est-à-dire, comme on le faisait dans le quinzième siècle; car, je reporte l'exécution de cette tapisserie au règne du roi de France Charles VIII. L'arcade du milieu est plus haute que les autres; toutes trois sont soutenues par quatre colonnes sur lesquelles reposent les pointes des arcs qui sont surbaissés, comme cela se pratiquait alors dans l'architecture. Sur les colonnes de droite et de gauche, on voit des petites statues, représentant Adam et Ève; et sur les colonnes du centre, d'un côté la religion triomphante et l'hérésie abattue. L'erreur des mécréans est désignée par un bandeau qui couvre les yeux de l'hérésie et leur défaite est exprimée par un étendard, qu'elle tient, qui est rompu.

Dans l'arcade du centre, on voit le sujet principal de la tapisserie, qui indique un hommage rendu à Dieu du succès d'un évènement qui semble intéresser toute l'Europe. Dieu le Père, vêtu en pape, selon les idées du temps, est assis sur son trône; il tient d'une main le livre des Évangiles, et donne la bénédiction aux assistans qui sont à genoux devant lui; il est entouré de quatre anges dont un tient un lys; ce qui semblerait indiquer que l'évènement pour lequel on le remercie se rapporte à la France; le second porte le glaive de la justice et les deux les autres lèvent un rideau que je compare à celui qui, dans le temple des Juifs, séparait anciennement le sanctuaire ou le *lieu saint*, de la nef où s'assemblaient les fidèles.

Les deux emblêmes dont je viens de parler pourraient bien désigner la pureté de la justice divine; car le lis est le symbole de la *candeur* et de la *pureté*, comme le glaive est celui de la *justice*.

De chaque côté, au dessus des petites arcades, sont deux sujets. La scène de celui de la gauche se passe dans un jardin planté d'arbres. On y voit un personnage d'un port noble, mais en habit de jardinier, dont le pied est appuyé sur une bêche qu'il a déjà enfoncée dans la terre ; il est surpris dans son travail par sept personnes dont les costumes indiquent un rang distingué. Sa figure est noble, et il porte la main à son bonnet, qu'il retire de dessus sa tête avec cette grâce et cette politesse qui annoncent la bonne éducation. Le sujet de droite se compose de huit personnages, dont le principal ne peut être qu'une princesse ou une dame de distinction ; elle s'adresse, selon les apparences, à une magicienne, qui est simplement vêtue, selon la mode du temps. La table devant laquelle cette femme est debout, est chargée de vases de différentes formes, et le cabinet qu'elle occupe est garni de volumes placés sur des tablettes. Un serviteur qui est derrière elle, paraît prendre un livre, nécessaire, sans doute, à la consultation que demande la jeune princesse ; d'ailleurs, on se rappellera que la magie était fort en vogue à l'époque où la tapisserie a pu être faite. Selon l'apparence, les deux sujets ont des rapports entr'eux, et je ne suis pas éloigné de croire que la jeune personne qui a la beauté et les grâces en partage, consulte la devineresse sur un mariage qui lui aurait été proposé, tandis que ses parens ou des négociateurs se seraient présentés au futur, que l'on aurait trouvé bêchant son jardin et cultivant des fleurs.

La scène inférieure dessinée dans l'arcade de gauche, se compose de treize personnages, un peu au dessous des proportions naturelles, du nombre desquels deux se distinguent particulièrement. L'un est un vieillard vénérable à longue barbe: il est debout, et richement vêtu, tenant d'une main une verge ornée comme le serait un sceptre, sa main gauche est posée sur sa poitrine. L'autre personnage est une princesse à genoux, dans l'attitude de solliciter la bénédiction du vieillard, ou de lui demander son consentement pour l'union qu'elle a le dessein de contracter; et la main qu'il a sur la poitrine, ainsi que l'expression de la princesse, tout, dans la circonstance, paraît s'accorder avec cette idée. Dans le fond du portique, est une espèce de tableau sur lequel est peinte l'image de la Sainte-Vierge, posée sur des nuages et tenant l'Enfant Jésus dans ses bras. On y voit aussi les deux personnages dont je viens de parler ; ils sont en prières, et intercèdent la bienveillance de la Mère de Jésus, pour l'heureux succès de leur entreprise.

Au côté opposé, dans la troisième arcade, on voit une autre scène de huit personnages, du nombre desquels deux sont assis sur un trône d'or; les six autres sont debout devant eux. Ces personnages sont un roi et une reine de France, parfaitement caractérisés par les couronnes qu'ils portent. Selon moi, la physionomie et les traits du roi désignent évidemment Charles VIII, comme la reine me paraît être Anne de Bretagne (1), qu'il épousa à Lan-

---

(1) Charles VIII, né en 1470, épousa anne de Bre-

gres, le 6 décembre 1491, après avoir été fiancé avec Marguerite, fille de Maximilien d'Autriche. La Reine a, sur ses genoux, un écureuil, et elle tient à la main le cordon de *l'ordre de la Cordelière*, qu'elle avait institué en 1498, et qu'elle fit entrer dans ses armes après la mort de Charles VIII, son premier époux, usage que l'on a conservé depuis dans le blason, pour désigner le veuvage des femmes (1). On remarquera

---

tagne à l'âge de vingt-un an, il meurt en 1498, des suites d'un accident.

Anne de Bretagne avait aussi vingt-un an, lorsqu'elle épousa le Roi : c'est bien là l'âge des deux personnages qui sont représentés ici. Anne de Bretagne meurt à l'âge de trente-sept ans, en 1614, après avoir épousé Louis XII en secondes noces.

(1) L'ordre de la Cordelière, était réservé aux femmes veuves qui, pour y entrer, devaient faire preuve de noblesse.

Il fut fondé en 1498, par Anne de Bretagne ; après la mort de Charles VIII, roi de France, son mari.

La décoration était une cordelière d'argent dont les chevalières environnaient leurs armes, avec cette devise, *j'ai le corps délié*, pour exprimer que la mort de leurs époux les avait affranchies du joug du mariage et remises en liberté.

Cet ordre s'est éteint ; mais l'usage a subsisté pour les veuves de qualité, de mettre autour de leurs armes, une cordelière semblable à celle d'Anne de Bretagne.

aussi que le chaperon du roi est hermine en totalité, distinction très-significative du don de la Bretagne que la reine Anne fit à la France. Les autres figures, de la même composition, sont les personnages de la cour et les gens de la suite du roi. Au pied, et devant la reine, on voit trois jeunes pages debout, et vêtus suivant le costume qui leur était assigné.

Au dessus du roi et de la reine, est une tribune dans laquelle on remarque deux jeunes filles et deux jeunes gentils-hommes. Ces dames sont sans doute les filles de qualité que la reine Anne introduisit la première à la cour, pour lui servir de compagnie. On les appelait les *filles de la reine*. Elle faisait travailler ces dames avec elle, à différens ouvrages de broderie et de tapisserie, dont elle enrichissait les églises. Le fond de la tribune est décoré d'une tapisserie représentant *Esther devant Assuérus*. Il semblerait qu'on a voulu indiquer, par cette peinture, que l'union du roi avec Anne de Bretagne, a été le sujet d'un bien général. En effet, le mariage de Charles VIII avec Anne de Bretagne, une des plus belles princesses de son temps, cimenta la paix et procura de nouveaux États à la France. En effet, la paix générale serait exprimée par un glaive qui est déposé sur le devant de la scène du grand portique, aux pieds du vieillard et des personnages qui forment le groupe de droite.

Le trait historique d'Esther et d'Assuérus, que l'on a peint ici, pourrait bien faire aussi allusion à la clémence que Charles VIII exerça, à son avènement au trône envers Charles d'Armagnac, auquel il rendit la liberté, et dont le frère, Jean, avait été tué à Leictoure. Il rendit aussi aux enfans de Jacques d'Armagnac les biens de leur père qui avaient été confisqués quand on lui ôta la vie; et il rappela de son ban Jean d'Armagnac, évêque de Castres, frère de Jacques. Ainsi, le caractère clément, doux et humain du roi Charles, que l'on peut opposer à celui de Louis XI, son père, aurait été comparé, dans la circonstance, à celui d'Assuérus.

Le sujet du milieu, que l'on peut considérer comme la composition principale de la tapisserie, dessiné dans le centre du grand portique et au dessous de la représentation de Dieu le Père, nous fait voir vingt-trois personnages de taille humaine, à genoux, se divisant en deux groupes. Celui de droite représente, sur le premier plan, le vénérable vieillard dont il a déjà été parlé; puis, le roi de France Charles VIII, les officiers de la cour, ainsi que des hommes d'une classe inférieure. Le groupe qui est à gauche se compose d'un pape, qui pourrait bien être Innocent VIII, qui occupait alors le Saint-Siége; de deux cardinaux, d'un évêque, de plusieurs religieux et religieuses de différens ordres.

§ III. — Examen fait du sujet que l'on a figuré par cette tapisserie, il paraît qu'on a eu l'intention de retracer quelques passages d'un roman ou d'un poëme qui aurait été composé à l'occasion du mariage d'Anne de Bretagne avec Charles VIII; car il n'y a aucun doute que ce ne soit ce jeune prince que l'on a représenté assis sur un trône, passant l'anneau nuptial au doigt de la jeune princesse, figurée assise près de lui et sur le même trône. Je dis qu'il y a toute apparence que cette princesse est Anne de Bretagne, parce qu'on voit à sa main le cordon de l'ordre de la Cordelière, qu'elle avait institué, et un écureuil sur ses genoux.

Anne de Bretagne aimait beaucoup les animaux, et l'on connaît plusieurs portraits où elle est représentée ayant près d'elle des oiseaux; entr'autres, il en est un à la bibliothèque de l'ancien évêque de Metz, où on la voit dans son appartement, ayant près d'elle une cage dans laquelle il y a un perroquet vert. Cet oiseau avait été nouvellement apporté en France (1). Je connais aussi un portrait de cette reine, où on la voit avec un écureuil.

L'espèce de roman ou de poëme dont j'ai parlé, était assez en usage alors, et on n'aura pas oublié d'y faire mention des goûts de la princesse et des détails qui lui sont particuliers, pour le mieux caractériser. S'il en est ainsi le vieillard à longue barbe que l'on a mis en scène serait une espèce de conseiller vénérable, un Mentor que l'on consulte, qui conduit ordinairement les choses à leur fin, et je pense que cette tapisserie pourrait être la représentation d'un apologue qui aurait été fait sur l'heureux mariage de la princesse Anne de Bretagne avec Charles VIII, union qui a cimenté la paix; comme sur la triste position de Marguerite, fille de Maximilien d'Autriche et de Marie de Bourgogne, avec laquelle il était fiancé, qui, par le traité de Senlis en 1493, fut obligée de se retirer auprès de son père, et qui, dans la suite, fut mariée à l'infant d'Espagne, puis au duc

---

(1) En 1498, Améric Vespuce, Florentin, donna son nom à l'Amérique, quoique ce continent ait été découvert par Christophe Colomb

de Savoie, et enfin gouvernante des Pays-Bas, après son second veuvage. Marguerite avait été élevée à la cour de France où elle portait le titre de *madame la Dauphine*.

Maximilien, qui était veuf, avait eu aussi des prétentions sur Anne de Bretagne ; il était à la veille de l'épouser lorsque Charles VIII lui fut préféré. Dans l'idée où il était de se venger de cet affront, il vint en Artois avec des troupes pour y surprendre quelques places ; mais détourné de cette entreprise par la mort de son père Frédéric III, il se retira, trop heureux d'emmener sa fille, et fit la paix avec le roi de France. Le roi d'Angleterre, Henri VII, croyant devoir venger l'affront de Maximilien, met le siége devant Boulogne, et s'accommode ensuite. La domination des Maures en Espagne finit par la prise de Grenade ; ce qui est exprimé par un Maure que l'on a fait paraître dans un coin du tableau. Charles fait la paix avec le roi d'Arragon, et on croit qu'Olivier Maillard, cordelier, négocia cette affaire, aussi est-il du cortége ; il est accompagné de Jean Moléon, autre moine de son ordre, qui était confesseur de la duchesse de Bourbon, ci-devant *dame de Beaujeu*, sœur du roi. Pierre d'Aubusson, grandmaître de l'ordre de Rhodes, reçut le chapeau de cardinal pour avoir rendu au pape le prince Zizime, que l'on tenait prisonnier en Auvergne; il y est également représenté, ainsi que Louis d'Amboise, évêque d'Alby, qui avait été précepteur du roi.

J'observe que le Maure dont j'ai parlé plus haut n'étant pas chrétien, n'a pas dû être placé dans le cortége avec le pape; c'est pour cette raison que le dessinateur l'a représenté dans le sujet le plus voisin de celui-ci.

Par ce récit, on voit que la paix devint en quelque sorte générale en Europe à l'époque du mariage de Charles VIII; c'est donc de ce grand évènement dont on remercie le roi des rois, c'est-à-dire Dieu.

§ IV. — Les inscriptions latines que je vais rapporter, placées de droite et de gauche au dessus de chaque sujet représenté, semblent indiquer qu'ils sont relatifs à l'histoire d'Esther. ce qui confirme ce que j'ai dit; car on aura probablement relaté dans le poëme le renvoi qu'Assuérus fait de la princesse Vasthi en faveur d'Esther, la plus vertueuse comme la plus belle femme de la Judée, par allusion à l'abandon que le roi Charles fit de Marguerite pour épouser Anne de Brétagne, qui, comme Esther, passait pour la plus vertueuse et la plus belle princesse de son temps.

Si on adopte cette version, le sage vieillard que l'on fait paraître dans trois parties différentes du poëme, pourrait bien être, sous la figure d'Assuérus, Frédéric III, père de Maximilien; car il porte la couronne impériale, et on ne peut se dissimuler que le but du dessinateur de la tapisserie n'ait été celui de faire paraître dans un seul cadre et sous des formes étrangères au sujet, les principaux personnages des cours de l'Europe, et le glaive qui est renversé à ses pieds exprimerait la paix qui eut lieu entre l'Autriche et la France à la suite du mariage du roi.

Les Italiens disaient de Frédéric III, empereur d'Autriche, roi des Romains, *qu'il avait une âme morte dans un corps vivant.* Frédéric, quoiqu'indolent, avare, superstitieux, et adonné à la magie, avait de l'esprit et des qualités; il répétait sans cesse : *que l'oubli des biens qu'on ne peut recouvrer est la félicité suprême.* Cette maxime philosophique, que l'on considérerait comme une vertu si elle était dans le cœur d'un simple citoyen, ne flattait que trop l'indolence du monarque, qui en éprouva plus d'une fois les tristes effets (1).

---

(1) Frédéric aima les lettres et les arts. On attribue

La première inscription placée au dessus du tableau qui est à gauche du spectateur, est ainsi conçue :

CVM OSCVLATA FVERAT
SCEPTRVM ASSVERI
HESTER SCIPHO VTITVR
REGIS PLENO MERI.

Nul doute que cette inscription n'ait rapport à l'histoire d'Esther et d'Assuérus. Cette femme vertueuse serait donc figurée ici aux pieds du roi, à l'instant où elle lui découvrit le complot affreux tramé contre les Juifs, à la tête desquels était Aman. Rien d'impossible à cela ; mais l'histoire veut qu'au moment où Esther se présente sans ordre devant Assuérus, elle soit évanouie dans les bras de ses femmes, et que le roi étende sur elle son sceptre d'or, en signe de bonté et de bienveillance.

Vivez (*lui dit Assuérus*) le sceptre d'or que vous tend cette main,
Pour vous, de ma clémence, est un gage certain.

à son avarice la rupture du mariage de Maximilien, son fils, avec Anne de Bretagne ; mais on doit se rappeler que ce fut le conseil du Roi de France qui détermina Charles VIII à épouser cette princesse. Il institua l'ordre de chevalerie de *Saint-Georges* ; et l'invention de l'imprimerie eut lieu sous son règne.

Au lieu de ce passage, on aurait donc dessiné celui où Esther se jetant aux genoux du roi, lui dit :

> J'ose vous implorer et pour ma propre vie
> Et pour les tristes jours d'un peuple infortuné
> Qu'à périr avec moi vous avez condamné.

Ceci est en rapport avec le tableau de droite, dans la partie supérieure de la tapisserie, où l'on voit une princesse qui consulte une magicienne ; car on lit, dans le *livre d'Esther*, qu'Aman employa le sort pour savoir quel serait le jour le plus malheureux pour la nation juive. Nul doute que cette princesse ne soit Zarès, femme d'Aman, qui se sera chargée de cette commission pour son mari ; et on observera qu'au temps où je reporte l'exécution de la tapisserie, les femmes étaient en possession de la magie, et faisaient le métier de Sibylles et de dire la bonne-aventure. En mémoire de leur salut, qu'ils durent au courage de la reine Esther, les juifs instituèrent la fête du *Purim* ou des *Sorts*. L'inscription porte : *Comme Esther avait baisé le sceptre d'Assuérus, elle se servit de la coupe du roi, pleine de vin pur.* Ceci est plutôt le style d'une allégorie que celui de l'histoire. Rien ne retrace le sujet dont il s'agit.

Dans la bordure, au bas du même tableau, on lit le mot *Octavianus*, que je crois être le nom du fabricant de la tapisserie, qui a été latinisé, comme on était dans l'usage de le faire.

La seconde inscription, dessinée à la droite du spectateur, sur un des écussons, est ainsi figurée.

REGE- REGV- (*regem regum*) ADORAVIT AT-Q- INVT (*invocavit*) TM (*tùm*) PARATVR EI CIB (*cibus*) AT ILLA DE MOLA AVT QVO POTVIT SATIATVR.

Esther invoque et adore le roi des rois; on lui prépare un festin; mais elle ne se repait que de gâteaux consacrés. Voilà à peu près ce que porte l'inscription, et le sujet qui est au dessous, fait voir un jeune prince sans barbe, assis sur un trône, ayant à côté de lui une princesse à laquelle il présente un anneau en signe de mariage. Cela ne peut pas être Assuérus ni Esther, comme on le dit, puisqu'il est sans barbe, qu'il a la couronne de France sur la tête, et que la princesse porte aussi la couronne de France diversement ornée comme celle d'Isabeau de Bavière, femme de Charles VI, dans une peinture que l'on voit à la bibliothèque du Roi; et il n'y a aucun doute que les *gâteaux consacrés*, mentionnés dans l'inscription, ne soient un symbole de la sainte hostie que les époux recevaient ordinairement le jour de leur mariage. Ainsi le festin où on les suppose tous deux sera la *Sainte Table*; et si la reine a bu du *vin pur dans la coupe du roi*, c'est qu'ils ont communié sous les *deux espèces*. On remarquera que tout ceci n'a lieu qu'après qu'*Esther a baisé le sceptre d'Assuérus*, c'est-à-dire, après le mariage. D'ailleurs, dans les autres tableaux, Assuérus est âgé, barbu, et je ne vois pas pourquoi on l'aurait représenté jeune et sans barbe au moment de son union avec Esther; d'autant plus qu'on le revoit reparaître avec sa barbe sur le devant du grand tableau; auprès du jeune prince et des gens de la cour, avec le pape, les cardinaux, les évêques et les moines qui y figurent. Si ce personnage n'est pas Frédéric III, sous la figure d'Asuérus, que serait-il donc? Je pense aussi qu'on n'aurait pas figuré le roi et la reine de Perse à genoux devant une image de la sainte Vierge, et l'on remarquera dans cette peinture, que le visage d'Esther est le même que celui de la reine Anne de Bretagne.

Dans les autres sujets, feu Millin voit Assuérus se promenant dans son jardin et Esther qui se lamente avec ses femmes; il voit le repas d'Assuérus, etc., etc. Je ne contrarie en aucune façon, ce que le savant antiquaire a imprimé dans le troisième volume de son voyage dans le midi de la France; mais je ne vois rien de tout cela.

Comme je l'ai dit, l'exécution de cette tapisserie aurait eu pour but la représentation du mariage d'Anne de Bretagne avec Charles VIII, ainsi que l'histoire malheureuse de la princesse Marguerite délaissée par le jeune prince avec lequel elle avait été fiancée; et je vois que, pour exprimer les deux faits, on a emprunté quelques traits de la vie d'Esther et d'Assuérus, que le dessinateur aura tiré d'un poëme, à la fois religieux et historique fait pour la circonstance; car la composition générale de la tapisserie est elle-même tissue comme le serait un roman (1). Les inscriptions qui n'ont aucun

---

(1) On a dit qu'Assuérus était le même que Darius, fils d'Hystaspe, né l'an 550 avant l'ère chrétienne. D'autres disent que ce prince est Artaxerce, du moins la vulgate le confirme. Ussérius pense que Darius, fils d'Hystaspe, épousa Atosse, qui est la même que Vas-

rapport avec les sujets représentés l'indiquent

thi, qu'il répudia dans la suite, et qu'il prit aussi pour la femme Arystone, fille de Cyrus, et veuve de Cambyse, qui est la même qu'Esther. Scaliger croit que Xercès est l'Assuérus de l'écriture, et Amistris sa femme, la reine Esther. Ce sentiment a été vivement combattu. Josephe, dit formellement que l'époux d'Esther était Artaxerce-Longuemain. La version des Septantes et les additions grecques au *livre d'Esther*, nomment Assuérus, *Artaxerce*. Ainsi Assuérus pourrait bien être Darius, que la vulgate aurait appelé Artaxerce. Racine partage ce sentiment et c'était celui de Port-Royal, quand il fait dire à Esther ce qui suit, en parlant à Assuérus, toutefois en oubliant l'usurpateur : Smerdis :

Cyrus, par lui (*Dieu*) vainqueur, publia ses bienfaits,
Regarda notre peuple avec des yeux de paix,
Nous rendit et nos lois et nos fêtes divines
Et le temple déjà sortait de ses ruines ;
Mais de ce roi si sage héritier insensé,
Son fils (*Cambyse*) interrompit l'ouvrage commencé,
Fut sourd à nos douleurs ; Dieu rejeta sa race,
Le retrancha lui-même, et vous mit en sa place.

Le *livre d'Esther* était compris dans le Canon des Juifs. Il ne se trouve pas dans quelques Canons anciens des Chrétiens ; mais il se trouve dans celui du concile de Laodicé. Saint-Jérôme a rejeté hors du Canon des livres sacrés, les six derniers chapitres ; et plusieurs auteurs ont été de ce sentiment ; mais le Concile de Trente a reconnu le livre entier pour canonique.

assez; il est vrai que je les considère ici comme les écriteaux qui paraissent dans nos mélodrames pour annoncer au public ce que l'auteur n'a pas pu mettre en action.

Il résulte de tout ceci, que cette pièce, curieuse, rare et remarquable, représente l'union d'un roi avec une princesse qui aurait procuré à l'Europe un bienfait assez important pour rendre à Dieu un hommage public.

Paris, le 27 juin 1819.

Le Chevalier ALEXANDRE LENOIR,

Administrateur des Monumens de l'Eglise royale de Saint-Denis, etc., etc.

HACQUART, Imprimeur, rue Gît-le-Cœur, n. 8.

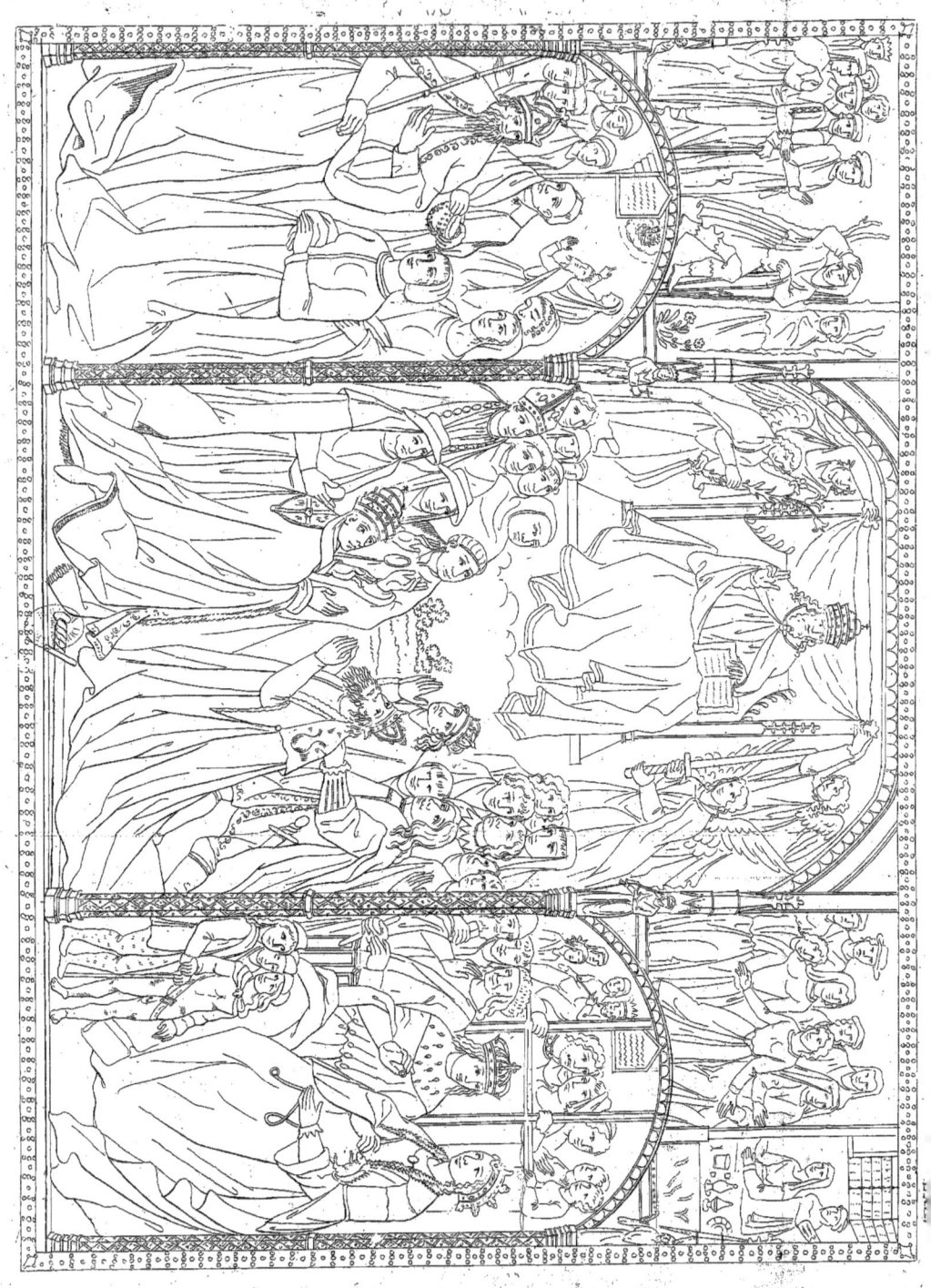

www.ingramcontent.com/pod-product-compliance
Lightning Source LLC
Chambersburg PA
CBHW030104230526
45471CB00003B/1254